Impressum
Verlag: BABADADA GmbH, Nedderfeld 112 , 22529 Hamburg
Geschäftsführer / Verlagsleitung: Harald Hof
Druck: Books on Demand GmbH, In de Tarpen 42, 22848 Norderstedt

Imprint
Publisher: BABADADA GmbH, Nedderfeld 112 , 22529 Hamburg, Germany
Managing Director / Publishing direction: Harald Hof
Print: Books on Demand GmbH, In de Tarpen 42, 22848 Norderstedt, Germany

школа

sekolah

класны пакой
bilik darjah

дзяліць
bahagi

186/2

дошка
papan

школьны двор
laman/taman sekolah

настаўнік
guru

папера
kertas

пісаць
tulis

ручка
pen

пісьмовы стол
meja

лінейка
pembaris

кніга
buku

вучань
murid

ранец

beg galas

пенал

kotak pensel

просты аловак

pensel

тачылка для алоўкаў

pengasah pensel

гумка

pemadam

альбом для малявання

kertas lukisan

малюнак

melukis

пэндзлік

berus lukis

фарбы

kotak warna

нажніцы

gunting

клей

gam

сшытак

buku latihan

хатняе заданне

kerja rumah

12

лік

nombor

2+2

дадаваць

tambah

5-2

адымаць

tolak

2×2

множыць

darab

лічыць

kira

A

літара

huruf

ABCDEFG
HIJKLMN
OPQRSTU
VWXYZ

алфавіт

abjad

hello

слова

kata

тэкст

teks

чытаць

baca

крэйда

kapur

ўрок

pelajaran

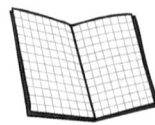

класны журнал

daftar

экзамен

peperiksaan

атэстат

sijil

школьная форма

uniform sekolah

адукацыя

pendidikan

энцыклапедыя

ensiklopedia

універсітэт

universiti

мікраскоп

mikroskop

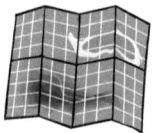

карта

peta

смеццевы кошык

bakul sampah

падарожжа
berjalan

гатэль
hotel
хостэл
asrama
абменны пункт
pejabat tukaran mata wang
чамадан
beg pakaian
аўтамабіль
kereta

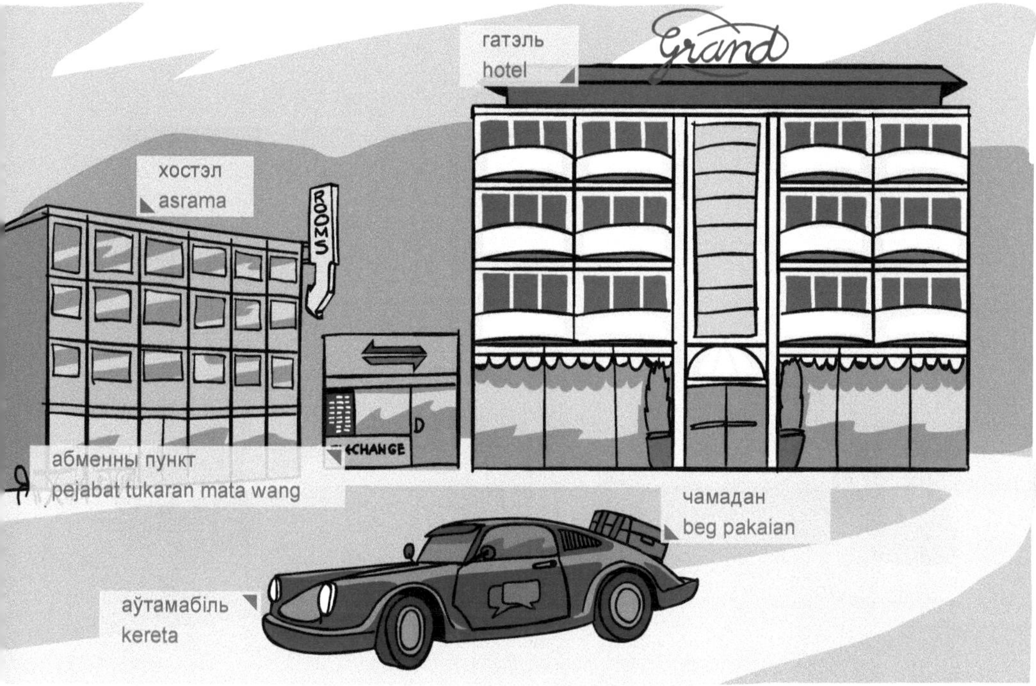

мова

bahasa

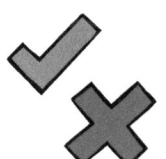

так / не

ya / tidak

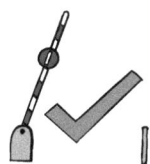

добра

okey

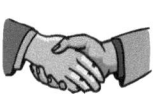

прывітанне!

helo

перакладчык

penterjemah

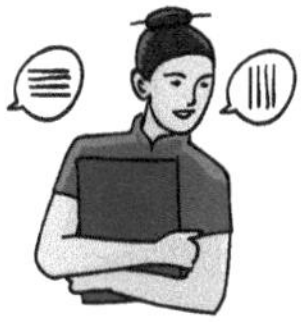

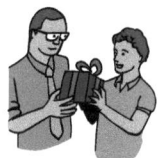

дзякуй

Terima kasih

Колькі каштуе….?

berapa banyak…?

я не разумею

saya tidak faham

праблема

masalah

Добры вечар!

Selamat petang!

Добрай раніцы!

Selamat Pagi!

Дабранач!

Selamat Malam!

да пабачэння

selamat tinggal

кірунак

arah

багаж

bagasi

сумка

beg

заплечнік

beg galas

госць

tetamu

пакой

bilik tidur

спальны мяшок

beg tidur

палатка

khemah

інфармацыя для турыстаў

maklumat pelancong

пляж

pantai

крэдытная картка

kad kredit

снеданне

sarapan

абед

makan tengah hari

вячэра

makan malam

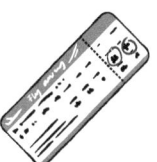

праязны білет

tiket

ліфт

lif

паштовая марка

setem

мяжа

sempadan

мытня

kastam

пасольства

kedutaan

віза

visa

пашпарт

pasport

транспарт

pengangkutan

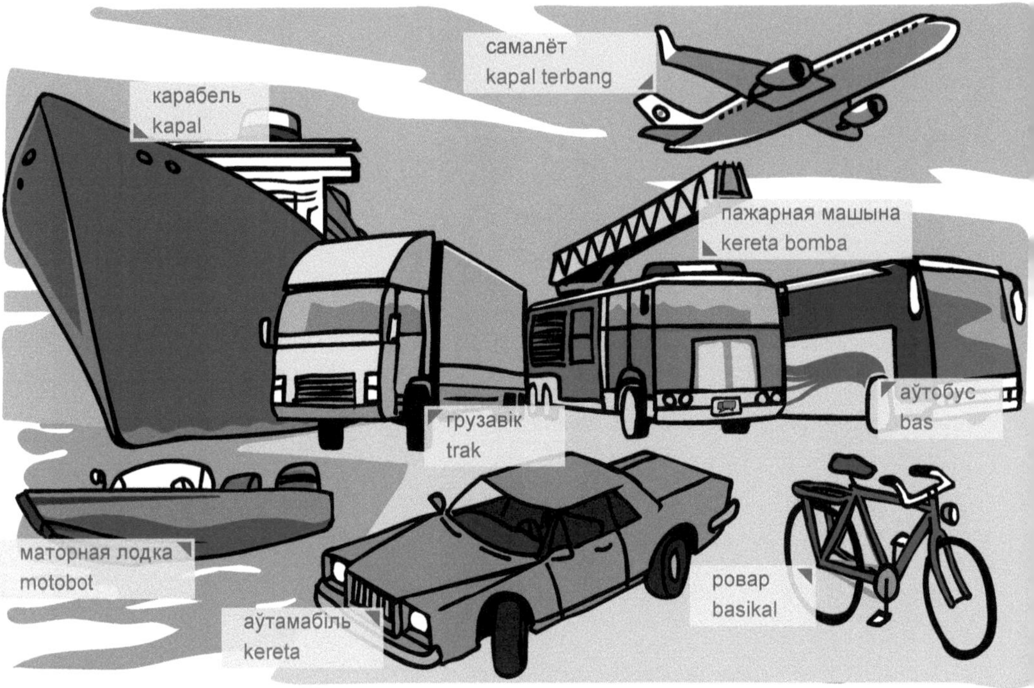

самалёт
kapal terbang
карабель
kapal
пажарная машына
kereta bomba
аўтобус
bas
грузавік
trak
маторная лодка
motobot
ровар
basikal
аўтамабіль
kereta

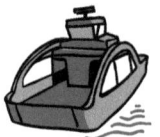

паром

feri

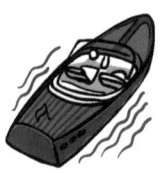

лодка

bot

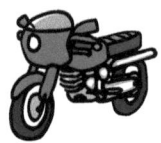

матацыкл

motosikal

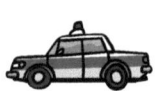

паліцэйская машына

kereta polis

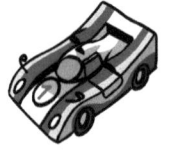

гоначны аўтамабіль

kereta lumba

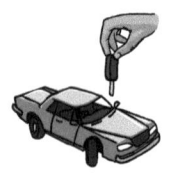

арэндаваны аўтамабіль

kereta sewa

сумеснае карыстанне
аўтамабілем

berkongsi kereta

эвакуатар

trak tunda

смеццявоз

trak menolak

матор

motor

паліва

bahan api

запраўка

stesen minyak

дарожны знак

tanda trafik

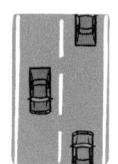

дарожны рух

trafik

затор

kesesakan lalu lintas

паркоўка

tempat parkir

чыгуначная станцыя

stesen kereta api

рэйкі

trek

цягнік

kereta api

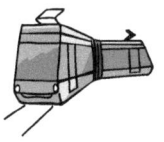

трамвай

trem

вагон

gerabak

верталёт

helikopter

аэрапорт

lapangan terbang

вежа

Menara

пасажыр

penumpang

кантэйнер

bekas

кардонная скрыня

kadbod

тачка

kart

карзіна

bakul

ўзлятаць / прызямляцца

berlepas / mendarat

горад

bandar

вёска

kampung

цэнтр горада

pusat bandar

дом

rumah

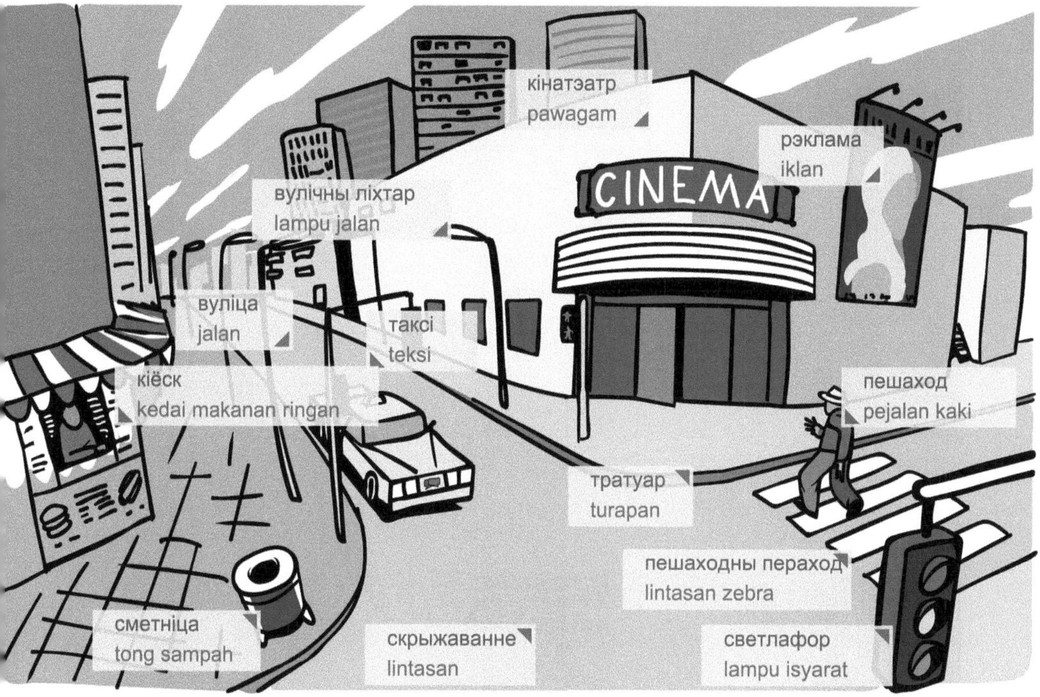

кінатэатр
pawagam

рэклама
iklan

вулічны ліхтар
lampu jalan

CINEMA

вуліца
jalan

таксі
teksi

кіёск
kedai makanan ringan

пешаход
pejalan kaki

тратуар
turapan

пешаходны пераход
lintasan zebra

сметніца
tong sampah

скрыжаванне
lintasan

светлафор
lampu isyarat

халупа
pondok

кватэра
flat

чыгуначная станцыя
stesen kereta api

ратуша
dewan bandar

музей
muzium

школа
sekolah

універсітэт

universiti

банк

bank

шпіталь

hospital

гатэль

hotel

аптэка

farmasi

офіс

pejabat

кнігарня

kedai buku

крама

kedai

кветкавая крама

kedai bunga

супермаркет

pasar raya

кірмаш

pasaran

універмаг

gedung

рыбная крама

penjual ikan

гандлевы цэнтр

pusat membeli-belah

порт

pelabuhan

парк
taman

лава
bangku

мост
jambatan

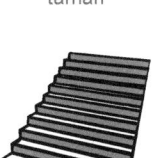

лесвіца
tangga

метро
bawah tanah

тунэль
terowong

прыпынак
hentian bas

бар
bar

рэстаран
restoran

паштовая скрыня
peti surat

вулічны паказальнік
papan tanda jalan

паркамат
meter parkir

заапарк
zoo

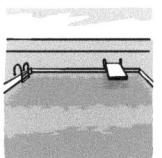

басейн
kolam renang

мячэць
masjid

сядзіба
ladang

забруджванне
навакольнага асяроддзя
pencemaran

могілкі
tanah perkuburan

царква
gereja

пляцоўка для гульні
taman permainan

храм
kuil

краявід
landskap

ліст
daun

паказальнік
tiang tanda

дарога
jalan

луг
padang rumput

камень
batu

дрэва
pokok

падарожнік
pejalan kaki

рака
sungai

трава
rumput

кветка
bunga

даліна

lembah

гара

bukit

возера

tasik

лес

hutan

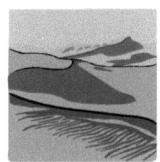

пустыня

padang pasir

вулкан

gunung berapi

замак

istana

вясёлка

pelangi

грыб

cendawan

пальма

pokok kelapa sawit

камар

nyamuk

муха

terbang

мурашка

semut

пчала

lebah

павук

labah-labah

жук

kumbang

жаба

katak

вавёрка

tupai

вожык

landak

заяц

arnab

сава

burung hantu

птушка

burung

лебедзь

angsa

дзік

babi jantan

алень

rusa

лось

moose

плаціна

empangan

вятрак

turbin angin

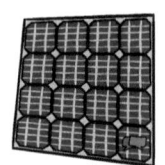

сонечная батарэя

panel solar

клімат

iklim

афіцыянт
pelayan

меню
menu

крэсла
kerusi

піца
piza

суп
sup

абрус
alas meja

сталовыя прыборы
kutleri

закуска

pemula

другая страва

hidangan utama

дэсерт

pencuci mulut

напоі

minuman

ежа

makanan

бутэлька

botol

хуткае харчаванне (фаст-
фуд)

makanan segera

стрыт-фуд

makanan jalanan

імбрык (чайнік)

teko

цукарніца

mangkuk gula

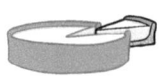

порцыя

bahagian

эспрэса-машына

mesin espreso

дзіцячае крэселка

kerusi tinggi

рахунак

bil

паднос

dulang

нож

pisau

відэлец

garfu

лыжка

sudu

чайная лыжка

sudu teh

сурвэтка

serviette

шклянка

gelas

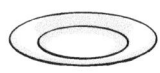

талерка

pinggan

супавая талерка

mangkuk sup

сподак

piring

соус

sos

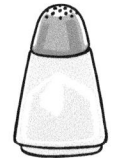

сальніца

tempat garam

млынок для перцу

pengisar lada

воцат

cuka

алей

minyak

спецыі

rempah

кетчуп

sos

гарчыца

mustard

маянэз

mayones

супермаркет
pasar raya

акцыя
tawaran istimewa
FOR
пакупнік
pelanggan
малочныя прадукты
tenusu
садавіна
buah-buahan
вазок
troli

BUTCHERS

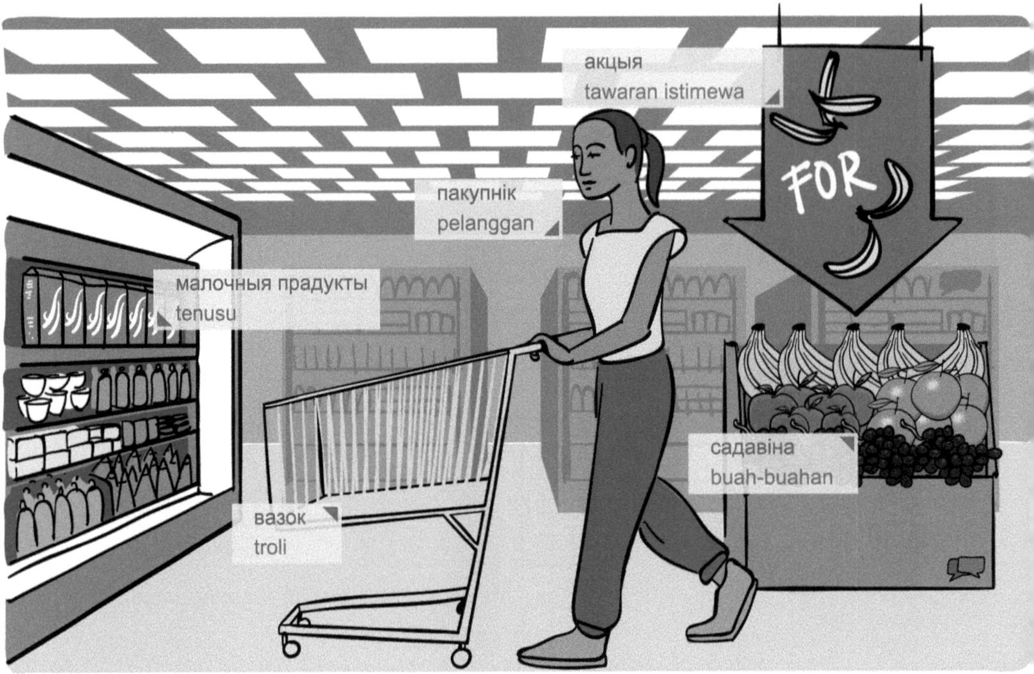

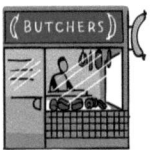

мясная крама

tukang daging

BAKERY

хлебны магазін

kedai roti

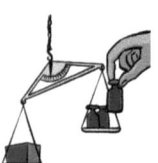

важыць

berat

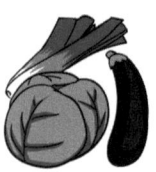

гароднiна

sayur-sayuran

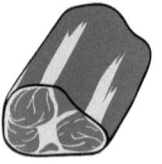

мяса

daging

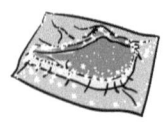

свежазамарожаныя прадукты

makanan sejuk beku

нарэзка

daging sejuk

кансервы

makanan dalam tin

пральны парашок

serbuk pencuci

прысмакі

gula-gula

хатнія прылады

produk isi rumah

чысцячы сродак

produk pembersihan

прадавец

orang jualan

каса

daftar tunai

касір

juruwang

спіс пакупак

senarai membeli-belah

гадзіны працы

waktu pembukaan

бумажнік

beg duit

крэдытная картка

kad kredit

сумка

beg

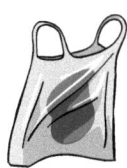

пакет

beg plastik

вада

air

сок

jus

малако

susu

кола

kola

віно

wain

піва

bir

алкаголь

alkohol

какава

koko

гарбата (чай)

the

кава

kopi

эспрэса

espreso

капучына

kapucino

банан

pisang

яблык

epal

апельсін

oren

дыня

tembikai

лімон

lemon

морква

lobak merah

часнок

bawang putih

бамбук

buluh

цыбуля

bawang

грыб

cendawan

арэхі

kacang

локшына

mi

спагеці

spageti

рыс

nasi

салата

salad

бульба фры

kerepek

смажаная бульба

kentang goreng

піца

piza

гамбургер

hamburger

бутэрброд

sandwic

шніцаль

kutlet

вяндліна

ham

салямі

salami

каўбаса

sosej

курыца

ayam

смажаніна

panggang

рыбак

ikan

аўсяныя камякі

bubur oat

мюслі

muesli

кукурузныя шматкі

emping jagung

мука

tepung

круасан

kroisan

булачка

roti roll

хлеб

roti

тост

roti bakar

пячэнне

biskut

масла

mentega

тварог

dadih

пірог

kek

яйка

telur

яечня

telur goreng

сыр

keju

марожанае

ais krim

цукар

gula

мёд

madu

варэнне

jem

нуга

krim nougat

кары

kari

ежа - makanan

сядзіба

ladang

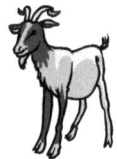

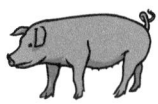

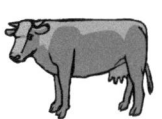

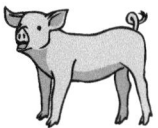

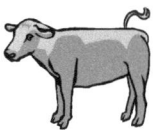

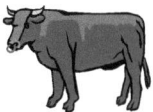

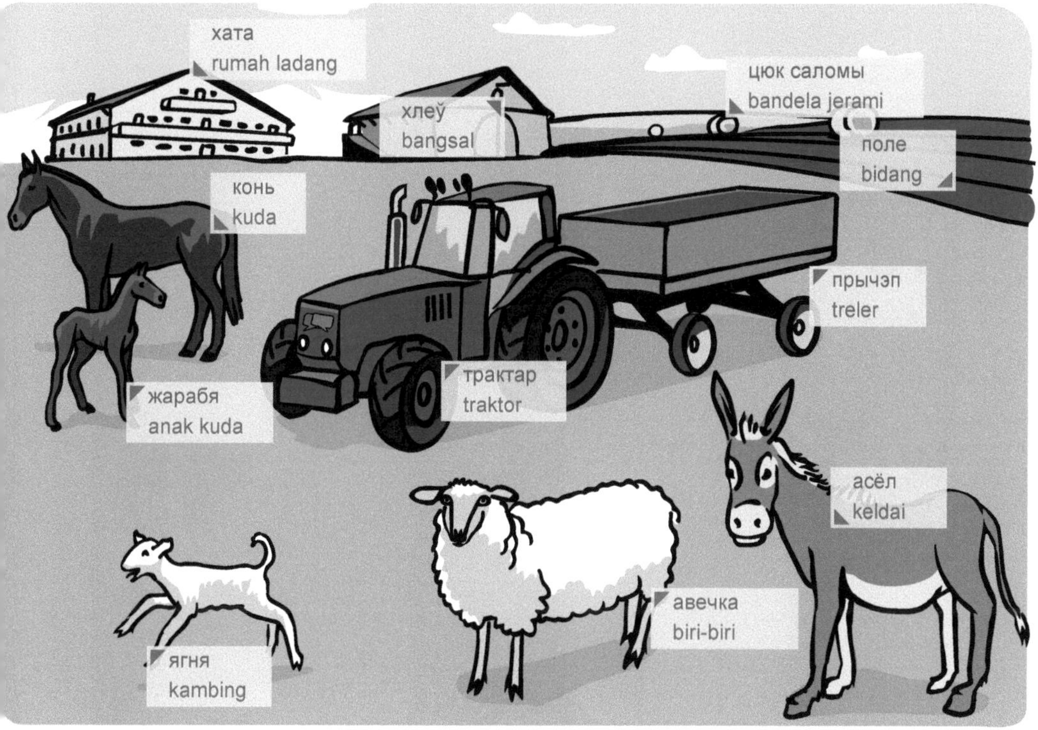

хата
rumah ladang
хлеў
bangsal
цюк саломы
bandela jerami
поле
bidang
конь
kuda
прычэп
treler
трактар
traktor
жарабя
anak kuda
асёл
keldai
авечка
biri-biri
ягня
kambing

каза

kambing

карова

lembu

цяля

anak lembu

свіння

babi

парася

anak babi

бык

lembu

гусак

angsa

качка

itik

кураня

anak ayam

курыца

ayam betina

певень

ayam jantan muda

пацук

tikus

кот

kucing

мыш

tikus

вол

lembu jantan

сабака

anjing

сабачая будка

rumah anjing

садовы шланг

hos taman

палівачка

bekas siraman

каса

sabit

плуг

bajak

серп

sabit

матыка

cangkul

вілы для гною

serampang peladang

сякера

kapak

тачка

kereta sorong

карыта

palung

бітон для малака

tin susu

мех

karung

плот

pagar

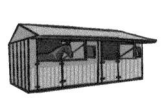

хлеў

stabil

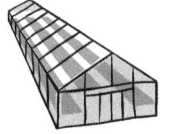

цяпліца

rumah hijau

глеба

tanah

насенне

benih

угнаенне

baja

камбайн

jentuai

збіраць ураджай

tuai

ураджай

menuai

ямс

keladi

пшаніца

gandum

соя

soya

бульба

kentang

кукуруза

jagung

рапс

biji sawi

садовае дрэва

pokok buah-buahan

маніёк

ubi kayu

збожжа

bijirin

дом

rumah

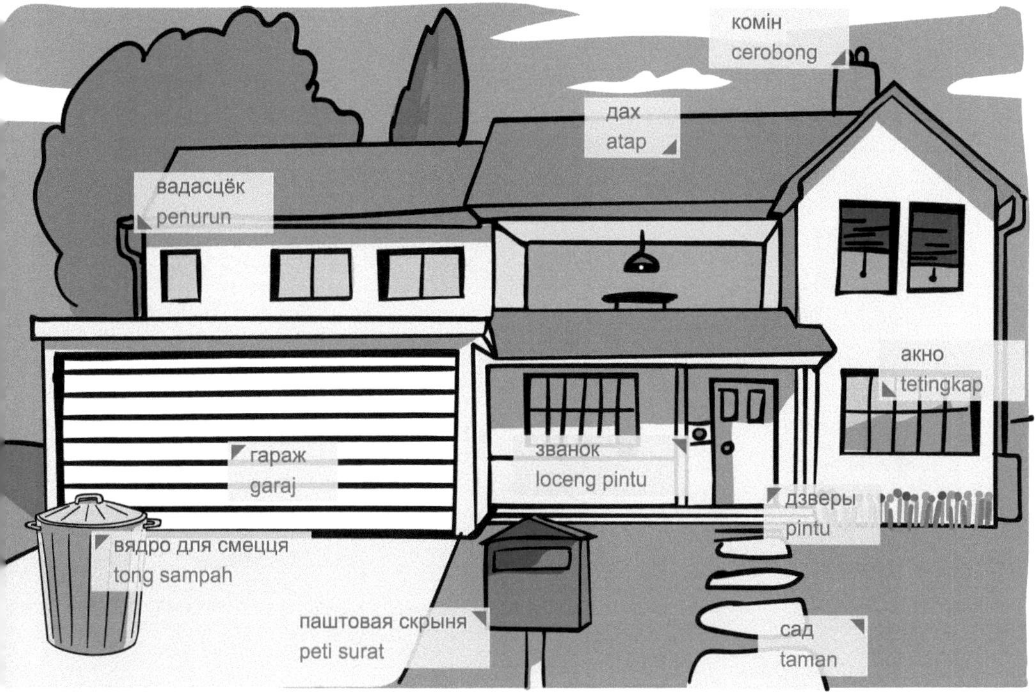

комін
cerobong
дах
atap
вадасцёк
penurun
акно
tetingkap
гараж
garaj
званок
loceng pintu
дзверы
pintu
вядро для смецця
tong sampah
паштовая скрыня
peti surat
сад
taman

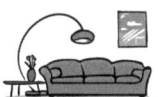

жылы пакой

ruang tamu

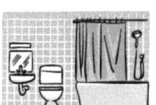

ванная

bilik air

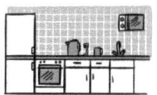

кухня

dapur

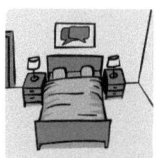

спальны пакой

bilik tidur

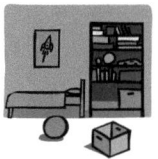

дзіцячы пакой

bilik kanak-kanak

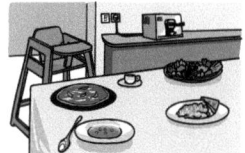

сталоўка

ruang makan

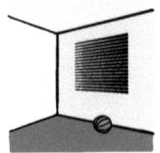

падлога

lantai

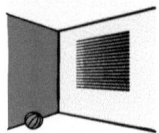

сцяна

dinding

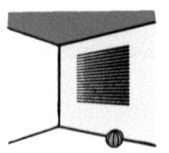

столь

siling

падвал

bilik bawah tanah

саўна

sauna

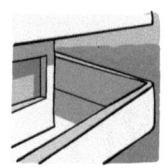

балкон

balkoni

тэраса

teres

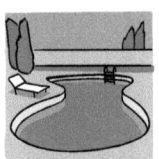

басейн

kolam renang

касілка

pemotong rumput

падкоўдранік

lembaran

коўдра

penutup tilam

ложак

katil

венік

penyapu

вядро

timba

выключальнік

suis

жылы пакой

ruang tamu

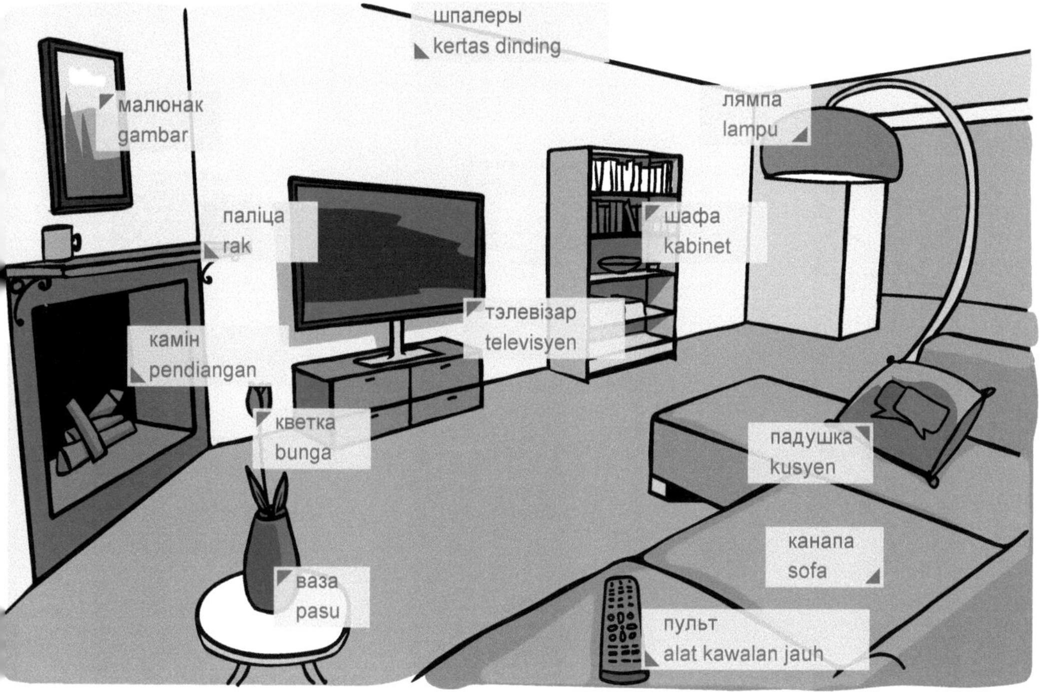

шпалеры
kertas dinding
малюнак
gambar
лямпа
lampu
паліца
rak
шафа
kabinet
тэлевізар
televisyen
камін
pendiangan
кветка
bunga
падушка
kusyen
канапа
sofa
ваза
pasu
пульт
alat kawalan jauh

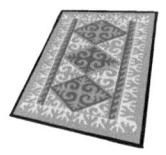

дыван
permaidani

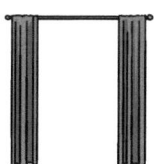

фіранка
tirai

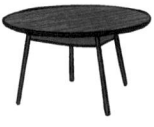

стол
meja

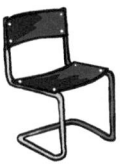

крэсла
kerusi

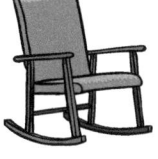

крэсла-качалка
kerusi malas

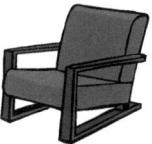

крэсла
kerusi

кніга

buku

коўдра

selimut

дэкарацыя

hiasan

дровы

kayu api

кіно

filem

стэрэасістэма

hi-fi

ключ

kunci

газета

akhbar

карціна

lukisan

постар

poster

радыё

radio

нататнік

buku catatan

пыласос

penyedut habuk

кактус

kaktus

свечка

lilin

кухня
dapur

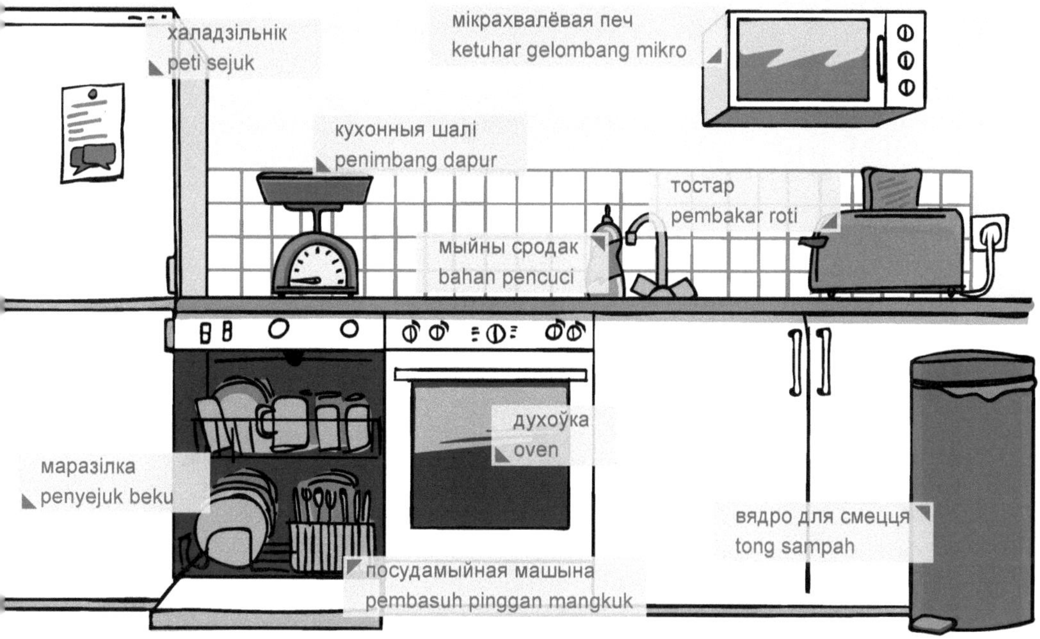

халадзільнік
peti sejuk
мікрахвалёвая печ
ketuhar gelombang mikro
кухонныя шалі
penimbang dapur
тостар
pembakar roti
мыйны сродак
bahan pencuci
духоўка
oven
маразілка
penyejuk beku
вядро для смецця
tong sampah
посудамыйная машына
pembasuh pinggan mangkuk

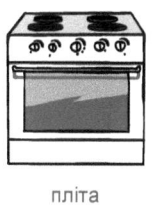

пліта
....
periuk dapur

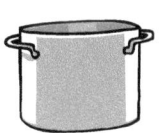

рондаль
....
periuk

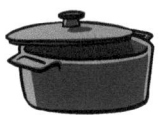

чыгунок
....
periuk besi

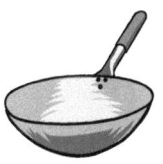

Вок / кадаі
....
kuali

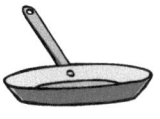

патэльня
....
pan

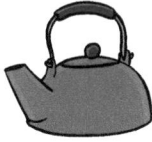

чайнік
....
cerek

параварка

pengukus

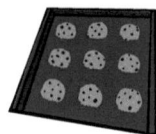

бляха

dulang pembakar

посуд

pinggan mangkuk

кубак

koleh

міска

mangkuk

палачкі для ежы

penyepit

чарпак

senduk

лапатачка

spatula

збівалка

pengadun

сіта для варэння

penapis

сіта

ayak

тарка

pemarut

ступка

mortar

грыль

barbeku

вогнішча

pembakaran terbuka

дошка

papan pencincang

качалка

pin golekan

штопар

skru gabus

бляшанка

tin

адкрывалка

pembuka tin

прыхваткі

pemegang periuk

ракавіна

sinki

шчотка

berus

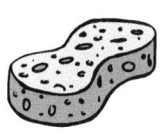

губка

span

міксер

pengisar

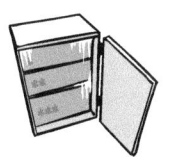

маразільная камера

penyejuk beku

бутэлечка

botol bayi

вадаправодны кран

paip

ванная

bilik air

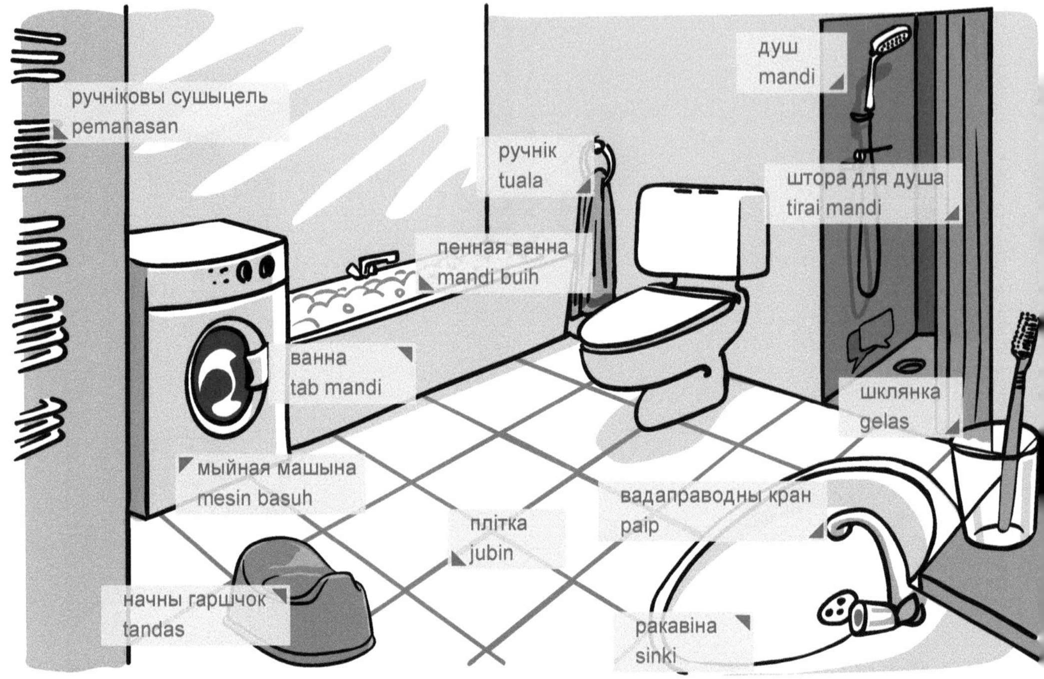

душ
mandi
ручніковы сушыцель
pemanasan
ручнік
tuala
штора для душа
tirai mandi
пенная ванна
mandi buih
ванна
tab mandi
шклянка
gelas
мыйная машына
mesin basuh
вадаправодны кран
paip
плітка
jubin
начны гаршчок
tandas
ракавіна
sinki

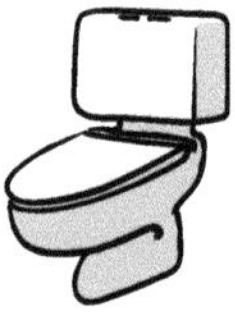

туалет

tandas

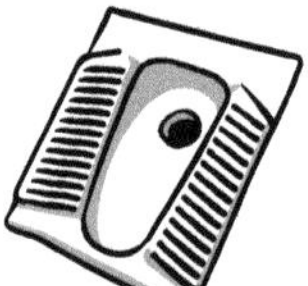

падлогавы ўнітаз

tandas mencangkung

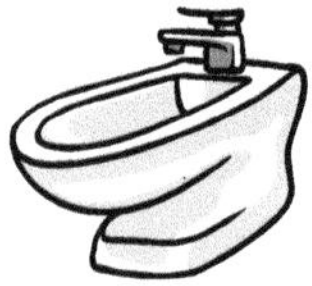

бідэ

mangkuk tandas

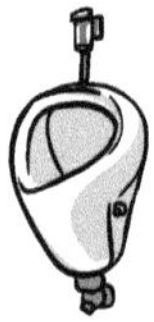

пісуар

tandas awam

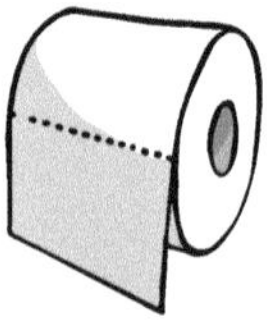

туалетная папера

kertas tandas

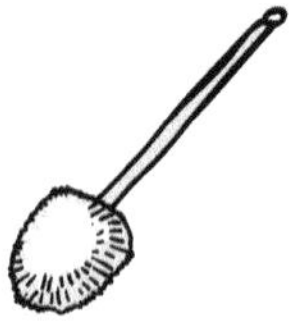

шчотка для чысткі ўнітаза

berus tandas

зубная шчотка

berus gigi

зубная паста

ubat gigi

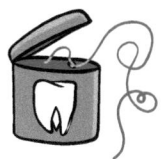

зубная нітка

flos gigi

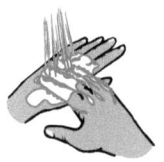

мыць

cuci

ручны душ

mandian tangan

інтымны душ

pancuran

умывальнік

besen

шчотка для спіны

belakang berus

мыла

sabun

гель для душа

gel mandian

шампунь

syampu

вяхотка

flanel

вадасцёк

longkang

крэм

krim

дэзадарант

deodoran

люстэрка

cermin

касметычнае люстэрка

cermin tangan

станок для галення

pisau cukur

пена для галення

busa cukur

ласьён пасля галення

selepas cukur

грэбень

sikat

шчотка

berus

фен

pengering rambut

лак для валасоў

semburan rambut

касметыка

mekap

памада

gincu

лак для пазногцяў

varnis kuku

вата

bulu kapas

манікюрныя нажніцы

gunting kuku

духі

pewangi

касметычка

beg basuhan

табурэтка

bangku

вагі

skala berat

лазневы халат

jubah mandi

санітарныя пальчаткі

sarung tangan getah

тампон

kapas

гігіенічныя пракладкі

tuala wanita

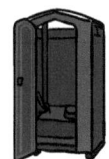

біятуалет

tandas kimia

дзіцячы пакой
bilik kanak-kanak

будзільнік
jam loceng
мяккая цацка
mainan kegemaran
цацачная машынка
kereta mainan
бразготка
kerincing bayi
лялечны домік
rumah anak patung
падарунак
hadiah

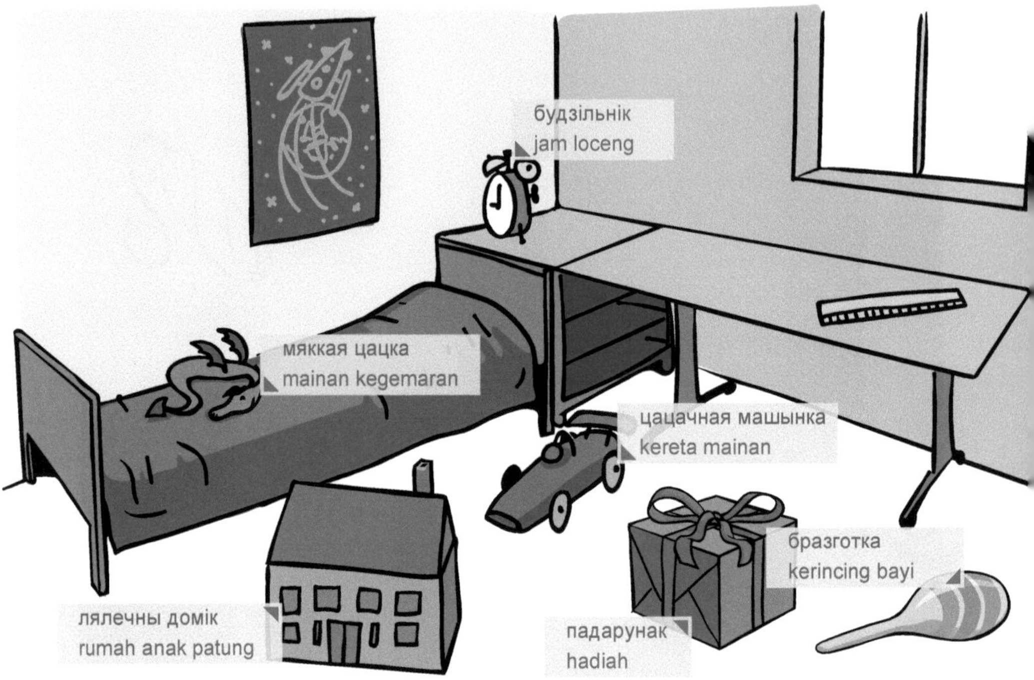

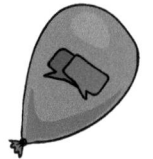

надзіманы шарык

belon

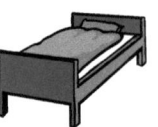

ложак

katil

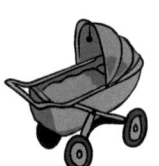

дзіцячая каляска

kereta sorong bayi

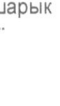

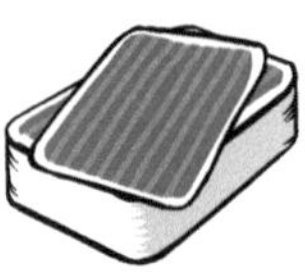

калода картаў

set kad

пазл

susun suai gambar

SUPER
MEGA

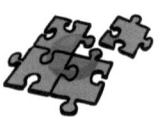

комікс

komik

канструктар "Лега"

batu bata lego

канструктар

blok mainan

экшэн-фігурка

figura aksi

дзіцячы гарнітур

baju bayi

фрызбі

frisbee

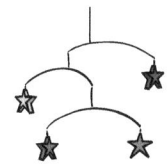

дзіцячы мабіль

mainan bayi mudah alih

настольная гульня

permainan papan

кубік

dadu

дзіцячая чыгунка

set model kereta api

пустышка

palsu

дзіцячае свята

parti

кніга з малюнкамі

buku bergambar

мячык

bola

лялька

anak patung

гуляцца

main

пясочніца

lubang pasir

арэлі

buai

цацкі

mainan

гульнявая відэа прыстаўка

konsol permainan video

трохколавы ровар

basikal roda tiga

плюшавы мішка

anak patung beruang

шафа

almari pakaian

адзенне

pakaian

шкарпэткі

stoking

панчохі

stoking

калготкі

ketat

шалік
skarf

парасон
payung

g/keselamatan

цішотка
kemeja-t

боты
but

пантоплі
selipar

красоўкі
kasut sukan

сандалі
....
sandal

абутак
....
kasut

гумовыя боты
....
but getah

трусы
....
seluar dalam

бюстгальтар
....
coli

майка
....
ves

бодзі
badan

штаны
Seluar panjang

джынсы
jean

спадніца
skirt

блузка
blaus

кашуля
kemeja

джэмпер
baju panas sarung

талстоўка
sweater

блэйзер
blazer

куртка
jaket

паліто
kot

дажджавік
baju hujan

касцюм
kostum

сукенка
pakaian

вясельная сукенка
baju pengantin

касцюм

sut

начная сарочка

baju tidur

піжама

baju tidur

сары

sari

хустка

skarf kepala

цюрбан

serban

паранджа

burqa

кафтан

kaftan

Абая

abaya/jubah

купальнік

baju renang

плаўкі

seluar renang

шорты

seluar pendek

спартыўны касцюм

sut balapan

фартух

apron

пальчаткі

sarung tangan

гузік

butang

акуляры

cermin mata

бранзалет

gelang tangan

каралі

rantai leher

кальцо

cincin

завушніца

subang

кепка

topi

вешалка

penyangkut kot

капялюш

topi

гальштук

tali leher

маланка

zip

шлем

topi keledar

падцяжкі

pendakap

школьная форма

uniform sekolah

уніформа

seragam

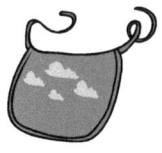

нагруднік

lapik dada

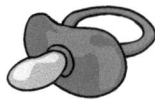

пустышка

palsu

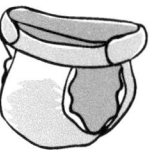

падгузнік

lampin

офіс

pejabat

сервер
pelayan
канцылярская шафа
kabinet fail
прынтэр
mesin pencetak
манітор
monitor
папера
kertas
мыш
tetikus
пісьмовы стол
meja
тэчка
folder
клавіятура
papan kekunci
смеццевы кошык
bakul sampah
кампутар
komputer
крэсла
kerusi

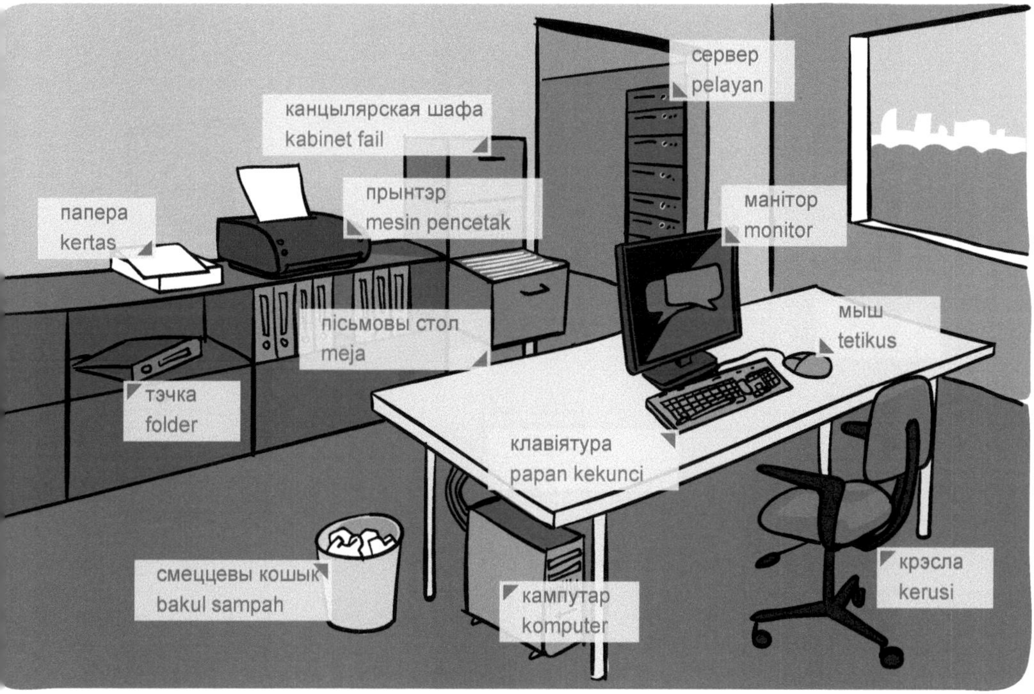

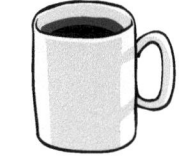

кубак для кавы (філіжанка)

cawan kopi

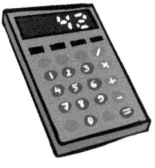

калькулятар

kalkulator

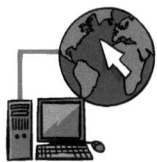

інтэрнэт

internet

ноўтбук

komputer riba

ліст

surat

паведамленне

mesej

мабільны тэлефон

mudah alih

сетка

rangkaian

ксеракс

mesin fotokopi

праграмнае забеспячэнне

perisian

тэлефон

telefon

разетка

soket plag

факс

mesin faks

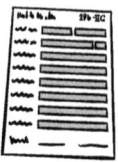

фармуляр

bentuk

дакумент

dokumen

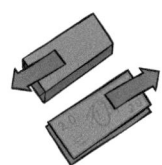

купляць

beli

плаціць

bayar

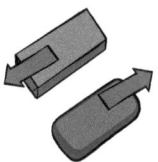

гандляваць

berdagang

грошы

wang

долар

dolar

еўра

euro

ена

yen

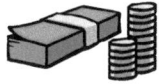

рубель

rubel

франк

franc swiss

кітайскі юань

renminbi yuan

рупія

rupee

банкамат

mata tunai

абменны пункт

pejabat tukaran mata wang

золата

emas

срэбра

perak

нафта

minyak

энергія

tenaga

цана

harga

кантракт

kontrak

падатак

cukai

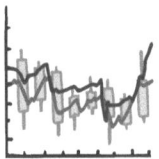

акцыя

stok

працаваць

kerja

служачы

pekerja

працадаўца

majikan

фабрыка

kilang

крама

kedai

прафесіі

pekerjaan

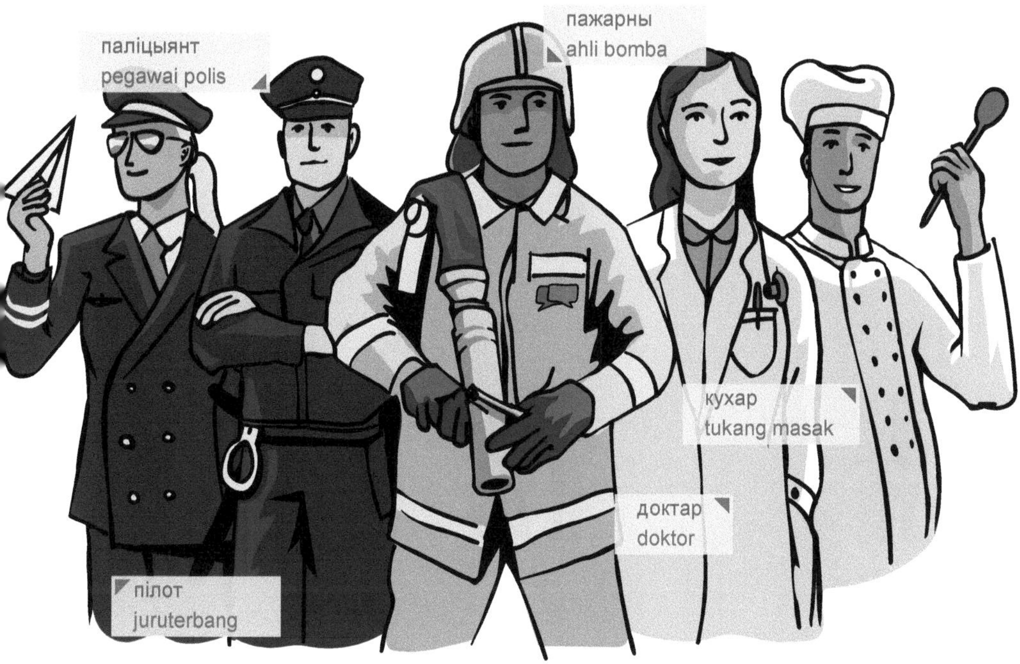

паліцыянт
pegawai polis
пажарны
ahli bomba
кухар
tukang masak
доктар
doktor
пілот
juruterbang

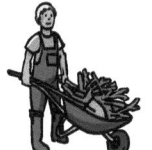

садоўнік

tukang kebun

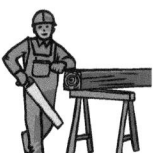

слесар

tukang kayu

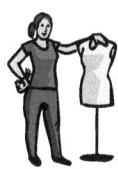

швачка

tukang jahit

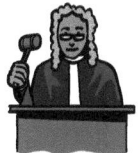

суддзя

hakim

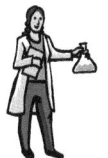

хімік

ahli kimia

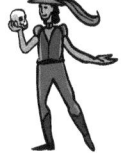

артыст

pelakon

кіроўца аўтобуса

pemandu bas

таксіст

pemandu teksi

рыбак

nelayan

прыбіральшчыца

wanita pencuci

страхар

kasau

афіцыянт

pelayan

паляўнічы

pemburu

мастак

pelukis

пекар

bakeri

электрык

juruelektrik

будаўнік

pembangun

інжынер

jurutera

мяснік

penjual daging

сантэхнік

tukang paip

паштальён

posmen

салдат

askar

архітэктар

arkitek

касір

juruwang

фларыст

kedai bunga

цырульнік

pendandan rambut

кандуктар

konduktor

механік

mekanik

капітан

kapten

стаматолаг

doktor gigi

вучоны

ahli sains

рабін

tuhanku

імам

imam

манах

sami

святар

paderi

інструменты

alat

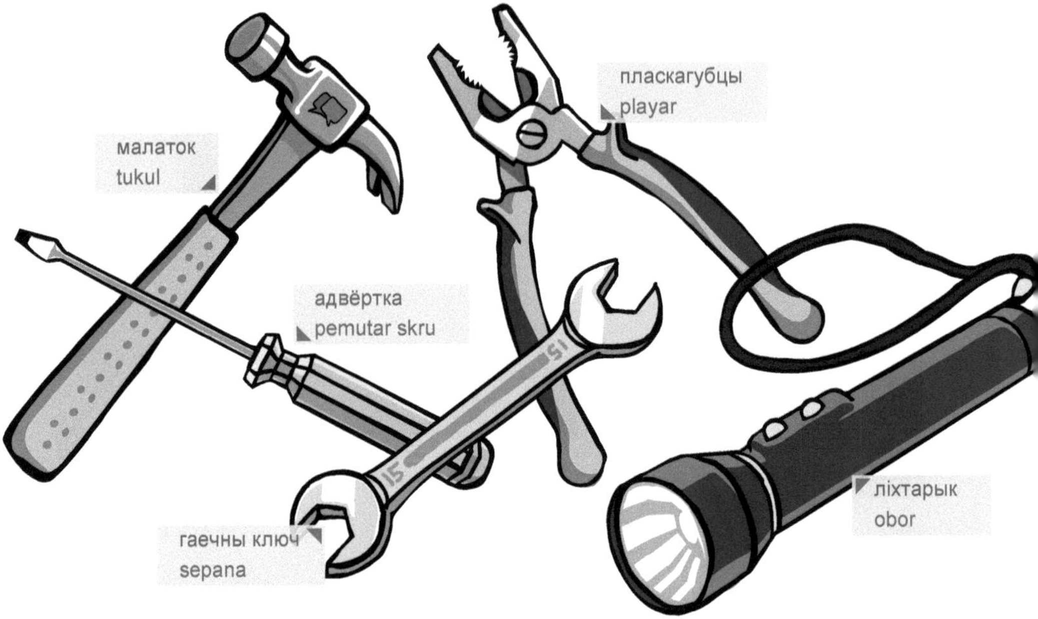
пласкагубцы
playar
малаток
tukul
адвёртка
pemutar skru
ліхтарык
obor
гаечны ключ
sepana

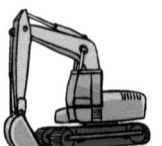

экскаватар

pengorek

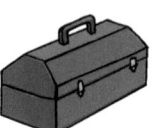

скрыня для інструментаў

kotak peralatan

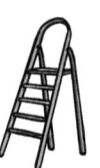

дравіны

tangga

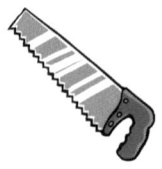

піла

gergaji

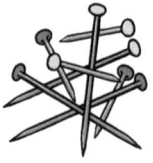

цвікі

kuku

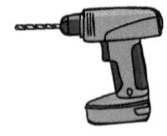

дрыль

gerudi

рамантаваць

baiki

рыдлеўка

penyodok

Халера!

Celaka!

шуфлік для смецця

penadah sampah

вядро з фарбаю

periuk cat

балты

skru

музычныя інструменты
alat muzik

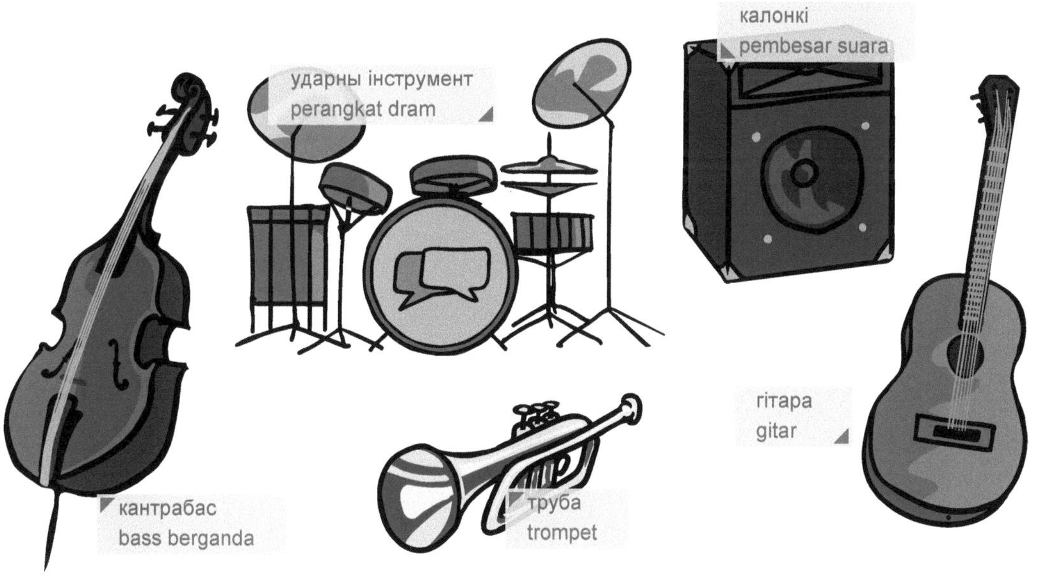

ударны інструмент
perangkat dram

калонкі
pembesar suara

кантрабас
bass berganda

труба
trompet

гітара
gitar

піяніна

piano

скрыпка

biola

басгітара

bass

літаўры

timpani

барабан

dram

клавішны электрамузычны
інструмент

papan kekunci

саксафон

saksofon

флейта

seruling

мікрафон

mikrofon

заапарк

zoo

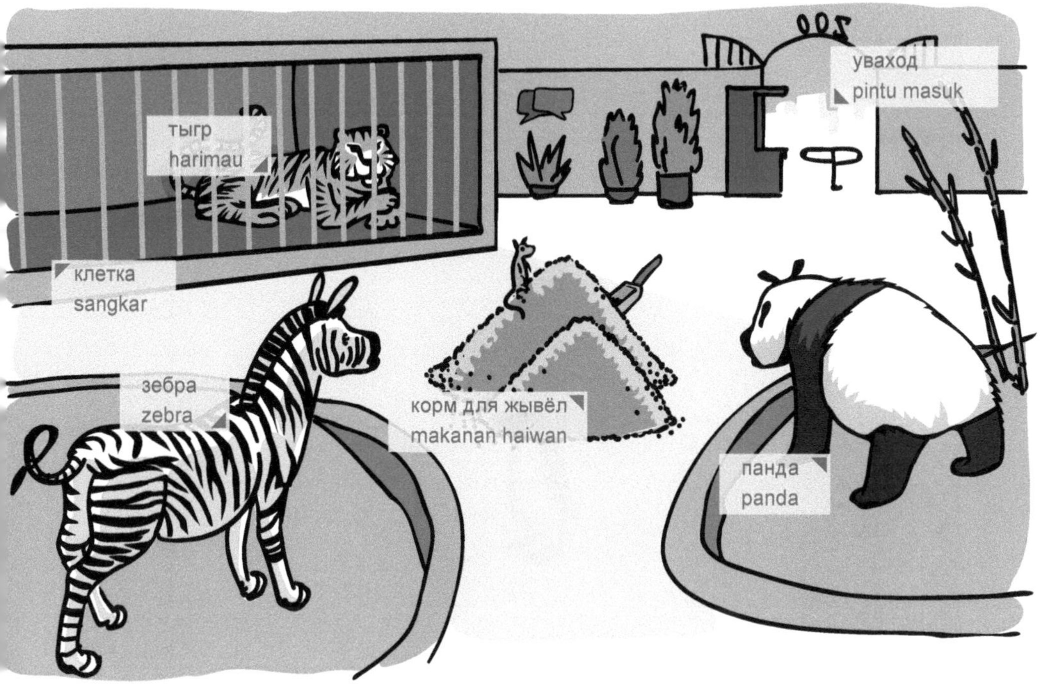

тыгр
harimau
уваход
pintu masuk
клетка
sangkar
зебра
zebra
корм для жывёл
makanan haiwan
панда
panda

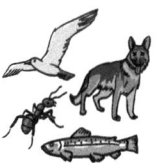

жывёлы

haiwan

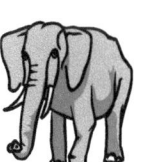

слон

gajah

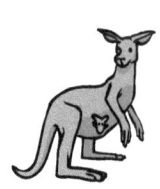

кенгуру

kanggaru

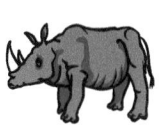

насарог

badak sumbu

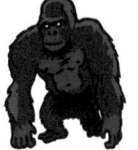

гарыла

gorila

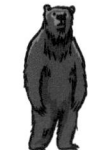

мядзведзь

beruang

вярблюд

unta

стравус

burung unta

леў

singa

малпа

monyet

фламінга

flamingo

папугай

nuri

белы мядзведзь

beruang kutub

пінгвін

penguin

акула

yu

паўлін

merak

змяя

ular

кракадзіл

buaya

наглядчык заапарка

penjaga zoo

цюлень

anjing laut

ягуар

jaguar

понi

kuda

леапард

harimau

бегемот

badak air

жыраф

zirafah

арол

helang

дзiк

babi jantan

рыбак

ikan

чарапаха

penyu

морж

anjing laut

лiса

musang

газель

rusa

амерыканскі футбол
bola sepak Amerika

веласпорт
berbasikal

тэніс
tenis

баскетбол
bola keranjang

плаванне
renang

бокс
tinju

хакей з шайбай
hoki ais

футбол
bola sepak

бадмінтон
badminton

лёгкая атлетыка
olahraga

гандбол
bola baling

горныя лыжы
ski

пола
polo

скакаць
lompat

абдымаць
peluk

смяяцца
ketawa

ісці
berjalan

спяваць
menyanyi

марыць
mimpi

маліцца
berdoa

цалаваць
cium

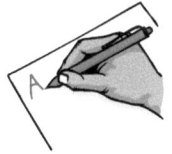

пісаць

tulis

маляваць

lukis

паказваць

tunjuk

націснуць

tolak

даваць

beri

браць

ambil

маць

ada

выконваць

buat

быць

ialah

стаяць

berdiri

бегчы

lari

цягнуць

tarik

кідаць

buang

падаць

jatuh

ляжаць

tipu

чакаць

tunggu

насіць

bawa

сядзець

duduk

апранацца

pakai

спаць

tidur

прачынацца

bangkit

дзейнасць - aktiviti

глядзець

lihat pada

плакаць

menangis

лашчыць

strok

прычэсвацца

sikat

гаварыць

cakap

разумець

faham

пытаць

tanya

чуць

dengar

піць

minum

есці

makan

прыбіраць

mengemas

кахаць

sayang

гатаваць

masak

ехаць

pandu

лятаць

terbang

плаваць пад ветразем

belayar

лічыць

kira

чытаць

baca

вучыць

belajar

працаваць

kerja

уступаць у шлюб

nikah

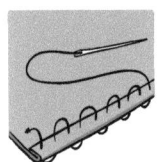

шыць

jahit

чысціць зубы

memberus gigi

забіваць

bunuh

курыць

asap

пасылаць

hantar

сям'я
keluarga

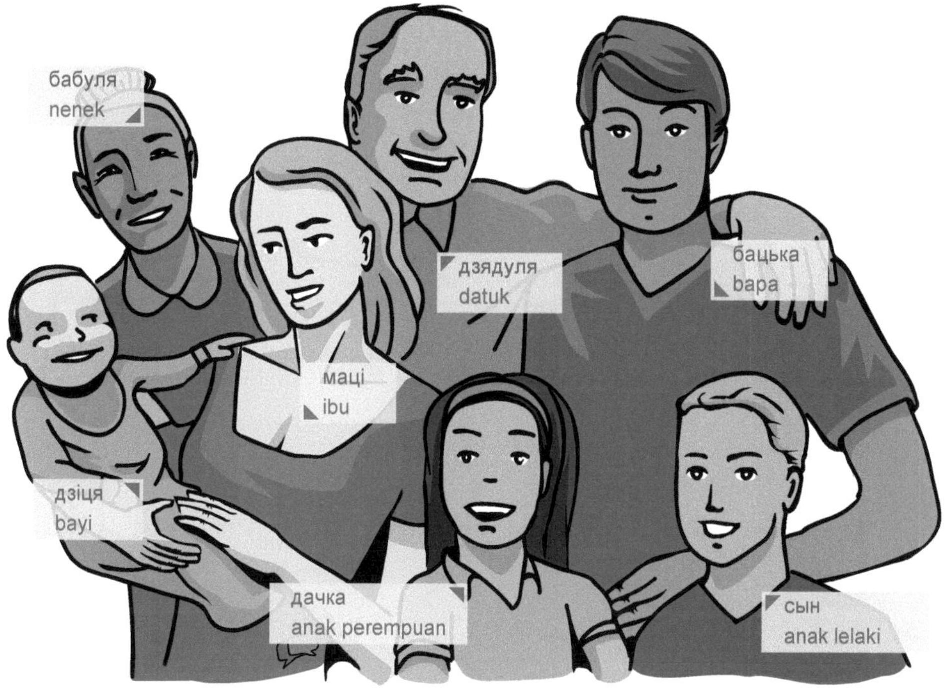

бабуля
nenek
дзядуля
datuk
бацька
bapa
маці
ibu
дзіця
bayi
дачка
anak perempuan
сын
anak lelaki

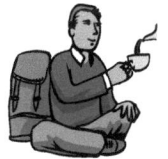

госць

tetamu

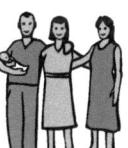

цётка

mak cik

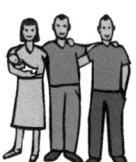

дзядзька

pak cik

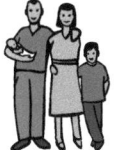

брат

abang

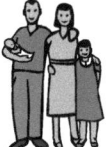

сястра

kakak

цела
badan

лоб
dahi
вока
mata
плячо
bahu
палец
jari
твар
muka
падбародак
dagu
рука
tangan
нага
kaki
грудзі
dada
рука
lengan

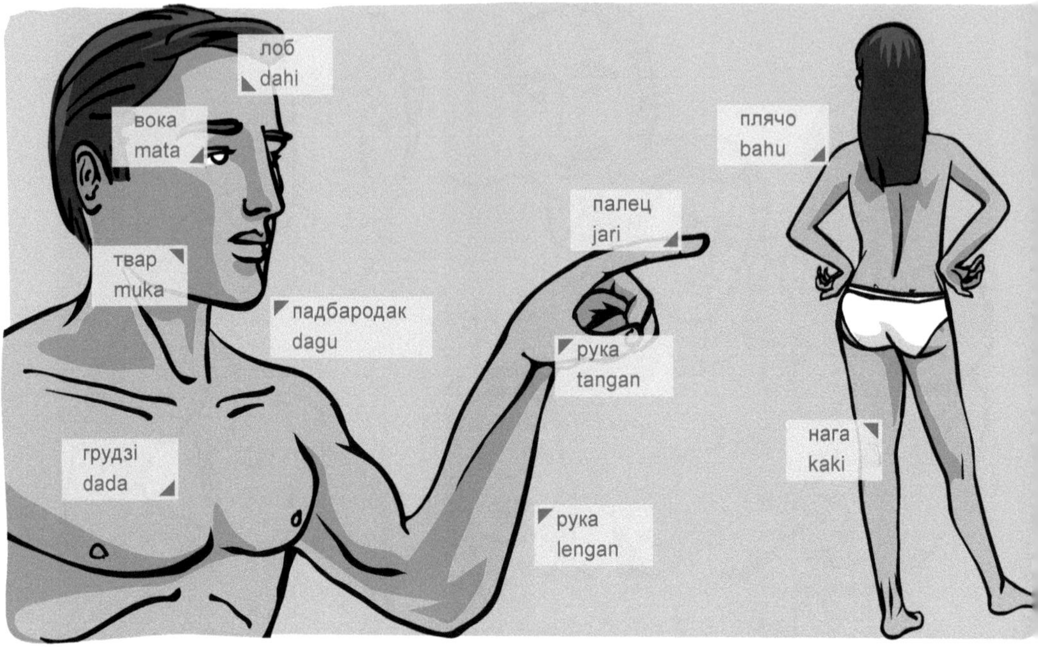

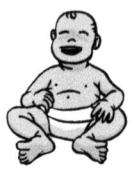

дзіця

bayi

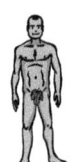

мужчына

lelaki

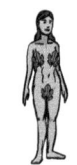

жанчына

wanita

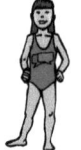

дзяўчынка

perempuan

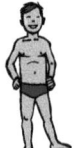

хлопчык

lelaki

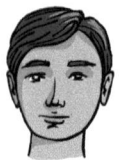

галава

kepala

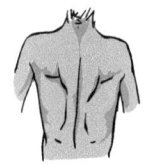

спіна

belakang

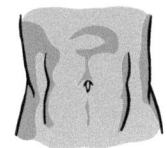

жывот

bawah perut

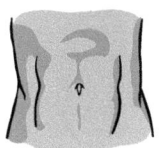

пуп

pusat

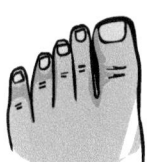

палец нагі

jari kaki

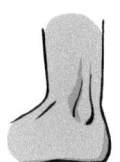

пятка

tumit

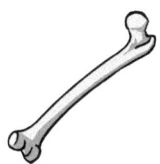

костка

tulang

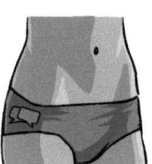

бядро

pinggul

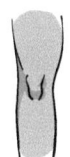

калена

lutut

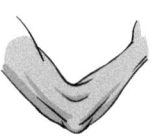

локаць

siku

нос

hidung

ягадзіца

bawah

скура

kulit

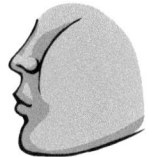

шчака

pipi

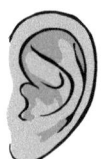

вуха

telinga

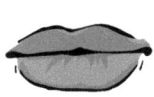

губа

bibir

рот

mulut

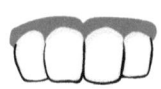

зуб

gigi

язык

lidah

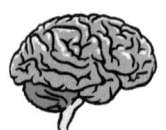

галаўны мозг

otak

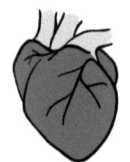

сэрца

hati

мышца

otot

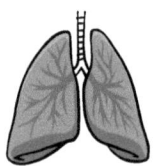

лёгкае

paru-paru

пячонка

hati

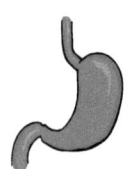

страўнік

perut

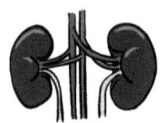

ныркі

buah pinggang

сэкс

seks

прэзерватыў

kondom

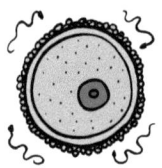

яйцаклетка

faraj

сперма

mani

цяжарнасць

mengandung

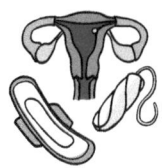

менструацыя

haid

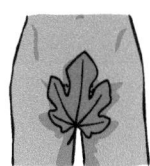

похва

faraj

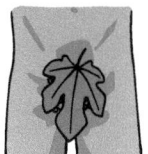

пеніс

penis

брыво

kening

валасы

rambut

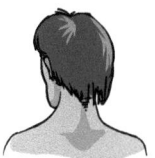

шыя

leher

шпіталь

hospital

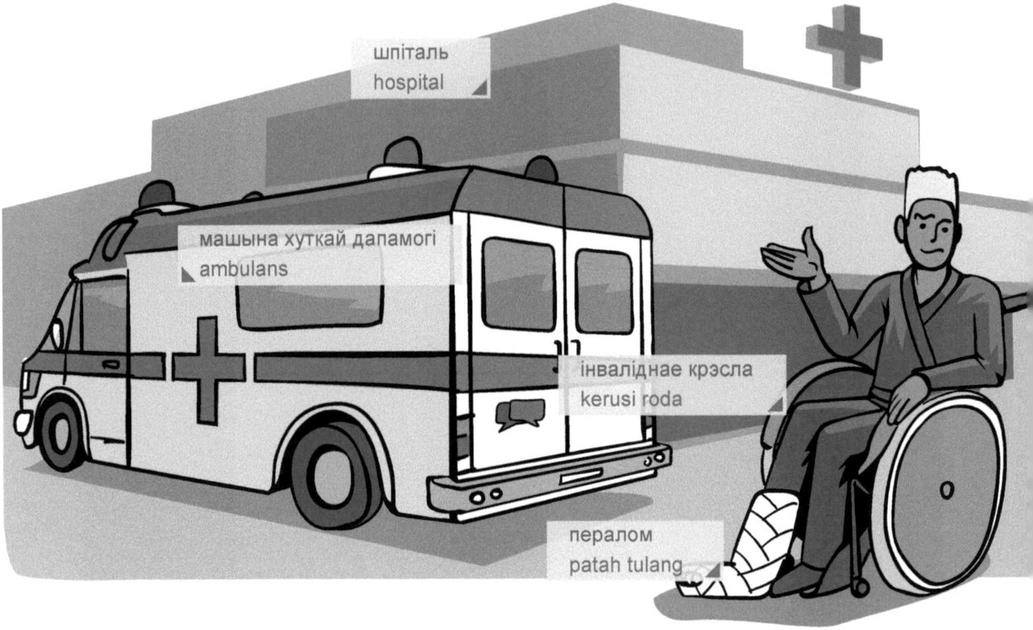

шпіталь
hospital
машына хуткай дапамогі
ambulans
інваліднае крэсла
kerusi roda
пералом
patah tulang

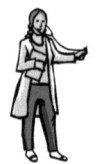

доктар

doktor

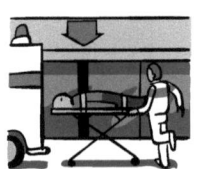

аддзяленне першай дапамогі

bilik kecemasan

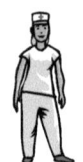

медсястра

jururawat

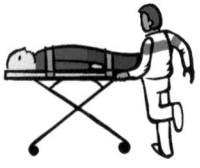

экстраная дапамога

kecemasan

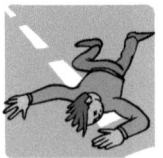

непрытомны

tak sedar

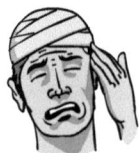

боль

sakit

траўма

kecederaan

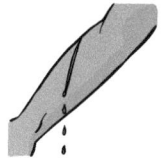

крывацёк

pendarahan

інфаркт

serangan jantung

апаплексія

strok

алергія

alergi

кашаль

batuk

гарачка

demam

грып

selesema

панос

cirit-birit

галаўны боль

sakit kepala

рак

kanser

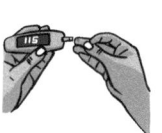

дыябет

diabetes

хірург

pakar bedah

скальпель

pisau bedah

аперацыя

pembedahan

КТ

CT

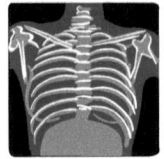

рэнтген

x-ray

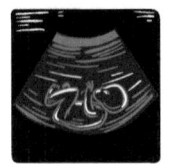

ультрагук

ultrabunyi

маска

topeng muka

хвароба

penyakit

пачакальня

bilik menunggu

мыліца

penongkat

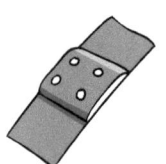

пластыр

plaster

бінт

pembalut

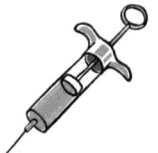

ін'екцыя

suntikan

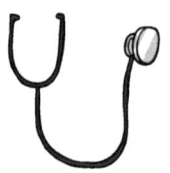

стэтаскоп

stetoskop

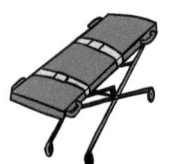

насілкі

pengusung

градуснік

termometer klinik

нараджэнне

kelahiran

лішняя вага

berat badan berlebihan

слухавы апарат

alat pendengaran

дэзінфекцыйны сродак

disinfektan

інфекцыя

jangkitan

вірус

virus

ВІЧ/СНІД

HIV / AIDS

лекі

perubatan

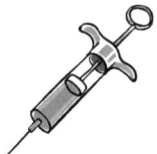

прышчэпка

vaksinasi

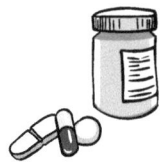

таблеткі

tablet

супрацьзачаткавая таблетка

pil

экстраны выклік

panggilan kecemasan

танометр

pantau tekanan darah

хворы / здаровы

sakit / sihat

Ратуйце!

Tolong!

сігналізацыя

penggera

напад

serang

атака

serangan

небяспека

bahaya

аварыйны выхад

pintu kecemasan

Пажар!

Api!

вогнетушыцель

alat pemadam api

аварыя

kemalangan

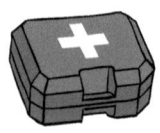

аптэчка

alat pertolongan cemas

СОС

SOS

паліцыя

polis

Еўропа

Eropah

Паўночная Амерыка

Amerika Utara

Паўднёвая Амерыка

Amerika Selatan

Афрыка

Afrika

Азія

Asia

Аўстралія

Australia

Атлантычны акіян

Atlantic

Ціхі акіян

Pasifik

Індыйскі акіян

Lautan Hindi

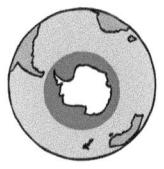

Паўднёвы ледавіты акіян

Lautan Antartik

Паўночны ледавіты акіян

Lautan Artik

Паўночны полюс

Kutub utara

Паўднёвы полюс

Kutub Selatan

Антарктыда

Antartika

Зямля

bumi

краіна

tanah

мора

laut

востраў

pulau

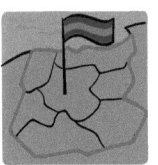

нацыя

negara

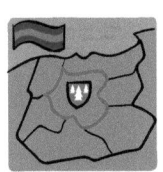

дзяржава

negeri

цыферблат

muka jam

гадзінная стрэлка

tangan jam

хвілінная стрэлка

tangan minit

секундная стрэлка

terpakai

Колькі часу?

Jam berapa sekarang

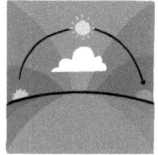

дзень

hari

час

masa

зараз

sekarang

электронны гадзіннік

jam digital

хвіліна

minit

гадзіна

jam

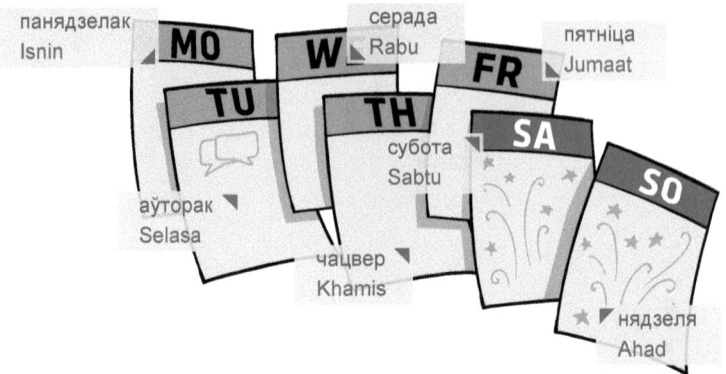

панядзелак
Isnin

серада
Rabu

пятніца
Jumaat

аўторак
Selasa

субота
Sabtu

чацвер
Khamis

нядзеля
Ahad

ўчора

semalam

сёння

hari ini

заўтра

esok

раніца

pagi

абед

tengah hari

вечар

petang

працоўныя дні

hari kerja

выхадныя

hari minggu

год

tahun

дождж
hujan
вясёлка
pelangi
вецер
angin
снег
salji
вясна
musim bunga
восень
musim luruh
лета
musim panas
зіма
musim salji

4.APRIL 11°
5.APRIL 4°
6.APRIL 13°
7.APRIL 8°
8.APRIL 10°

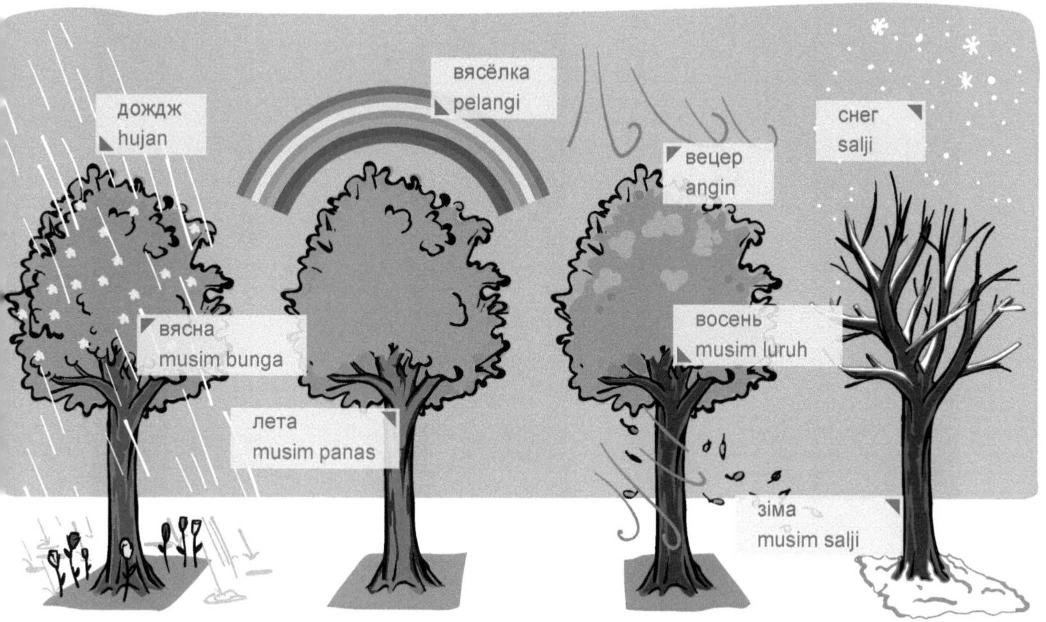

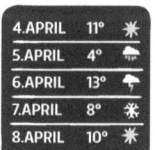

прагноз надвор'я
....
ramalan cuaca

F C
120 40
90 30
60 20
30 10
0 0
-30 -10
-20

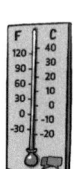

градуснік
....
termometer

сонечнае святло
....
sinar matahari

воблака
....
awan

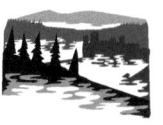

туман
....
kabus

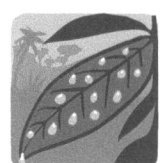

вільготнасць паветра
....
lembapan

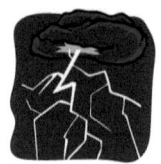

маланка

kilat

гром

petir

бура

ribut

град

hujan batu

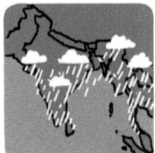

мусонны вецер

monsun

прыліў

banjir

лёд

ais

студзень

Januari

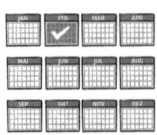

люты

Februari

сакавік

Mac

красавік

April

май

Mei

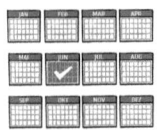

чэрвень

Jun

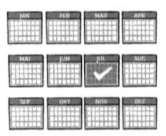

ліпень

Julai

жнівень

Ogos

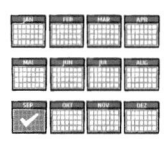

верасень
....
September

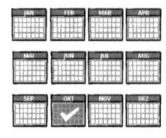

кастрычнік
....
Oktober

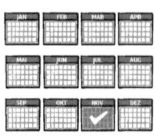

лістапад
....
November

снежань
....
Disember

формы
bentuk

круг
....
bulatan

квадрат
....
petak

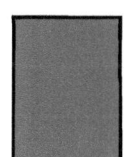

прамавугольнік
....
segi empat tepat

трохвугольнік
....
segitiga

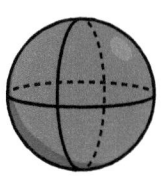

шар
....
sfera

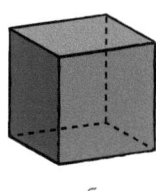

куб
....
kiub

белы

putih

жоўты

kuning

аранжавы

oren

ружовы

merah jambu

чырвоны

merah

фіялетавы

ungu

сіні

biru

зялёны

hijau

карычневы

coklat

шэры

kelabu

чорны

hitam

шмат / мала

banyak / sedikit

злы / добры

marah / tenang

прыгожы / брыдкі

cantik / hodoh

пачатак / канец

bermula / tamat

высокі / малы

besar kecil

светлы / цёмны

terang / gelap

сястра / брат

abang / kakak

чысты / брудны

bersih / kotor

поўны / няпоўны

lengkap / tidak lengkap

дзень / ноч

hari / malam

мёртвы / жывы

mati / hidup

шырокі / вузкі

luas / sempit

ядомы / неядомы

boleh dimakan / tidak boleh dimakan

злы / добры

jahat / baik

узбуджаны / нудны

teruja / bosan

тоўсты / тонкі

gemuk / kurus

першы / апошні

pertama / terakhir

сябар / вораг

kawan / musuh

поўны / пусты

penuh / kosong

цвёрды / мяккі

keras / lembut

важкі / лёгкі

berat / ringan

голад / смага

lapar / dahaga

хворы / здаровы

sakit / sihat

нелегальны / легальны

menyalahi undang-undang / undang-undang

разумны / дурны

pintar / bodoh

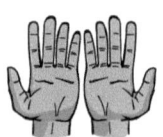

левы / правы

kiri / kanan

побач / далёка

dekat / jauh

новы / былы ва ўжыванні

baru / lama

нічога / нешта

tiada / sesuatu

стары / малады

tua / muda

укл / выкл

hidup / mati

адчынены / зачынены

terbuka / tertutup

ціхі / гучны

diam / bising

багаты / бедны

kaya / miskin

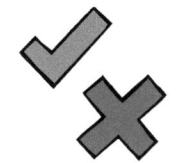

правільна / няправільна

betul / salah

шурпаты / гладкі

kasar / halus

сумны / шчаслівы

sedih / gembira

кароткі / доўгі

pendek / panjang

павольны / хуткі

lambat / laju

вільготны / сухі

basah / kering

цёплы / халаднаваты

panas / sejuk

вайна / мір

berperang / berdamai

0

нуль

sifar

1

адзін

satu

2

два

dua

3

тры

tiga

4

чатыры

empat

5

пяць

lima

6

шэсць

enam

7

сем

tujuh

8

восем

lapan

9

дзевяць

sembilan

10

дзесяць

sepuluh

11

адзінаццаць

sebelas

12
дванаццаць

dua belas

13
трынаццаць

tiga belas

14
чатырнаццаць

empat belas

15
пятнаццаць

lima belas

16
шаснаццаць

enam belas

17
сямнаццаць

tujuh belas

18
васямнаццаць

lapan belas

19
дзевятнаццаць

Sembilan belas

20
дваццаць

dua puluh

100
сто

ratus

1.000
тысяча

ribu

1.000.000
мільён

juta

bahasa-bahasa

англійская

Bahasa Inggeris

англійская (Амерыка)

Bahasa Inggeris Amerika

кітайская мандарынская

Bahasa Cina Mandarin

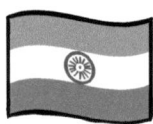

хіндзі

Bahasa Hindi

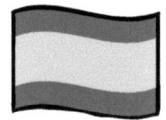

іспанская

Bahasa Sepanyol

французская

Bahasa Perancis

арабская

Bahasa Arab

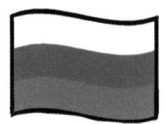

руская

Bahasa Rusia

партугальская

Bahasa Portugis

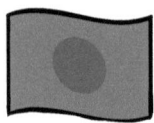

бенгальская

Bahasa Benggali

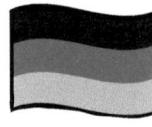

нямецкая

Bahasa Jerman

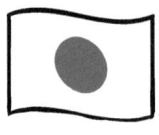

японская

Bahasa Jepun

я

saya

ты

anda

ён / яна / яно

dia / dia / ia

мы

kita

вы

anda

яны

mereka

хто?

siapa?

што?

apa?

як?

bagaimana?

дзе?

di mana?

калі?

bila?

імя

nama

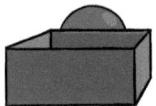

за
belakang

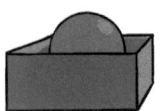

у
dalam

перад
di hadapan

над
lebih

на
pada

пад
di bawah

каля
bersebelahan

паміж
antara

месца
tempat